दुनियाँ की समझ

है भी और नहीं भी

सौरभ राचलवार

BookLeaf Publishing
India | USA | UK

Made with ❤ on the BookLeaf Publishing Platform
www.bookleafpub.in
www.bookleafpub.com

Dedication

यह किताब मेरे प्रियजनों तथा मेरे करीबी लोगों को समर्पित है। खासतौर से उन भाईयों को जिन्होंने कुछ ऐसी चीज़ों का अनुभव किया हो या इसे घटित होते हुए देखा हो। और अंत में उन भाईयों को जिन्होंने बुरे वक्त में मेरा साथ दिया और उम्मीद की किरण का कारण बने, आशा करता हूँ की यह किताब आप सभी को पसंद आएगी।

खूब आदर और ढेर सारा प्यार।

-सौरभ राचलवार

Preface

यह किताब खासतौर से उन मुद्दों एवं प्रसंगों पर बात करती है। जिन्हें आमतौर पर कोई भी व्यक्ति अपनी रोज़मर्रा की जिंदगी में झेल सकता है। उदाहरण के तौर पर किसी की आपबीती, प्रेम प्रसंग, हत्या, सामाजिक शोषण, इत्यादि।

कुल मिलाकर २५ कविताओं के आधार पर एक साधारण से व्यक्ति की असाधारण कहानी। आशा करता हूँ की आप सभी को ये पसंद आएगी। अलंकारिक गलतियों के लिए अभी से

क्षमा मांगता हूँ।

Acknowledgements

मैं धन्यवाद देना चाहूंगा बुक लीफ प्रकाशन को जिन्होंने मुझे यह मौका दिया। उनही की बदौलत मैं अपनी पहली किताब प्रकाशित कर पाया। मुझे उनके इस २१ दिवसीय चुनौती का ज्ञात हुआ। मुझे अवसर मिलते ही मैंने शुरुआत कर दी।

मैं अपने परिवार को तथा अपने मित्रों को ध्यानवाद देना चाहता हूँ। उनके सहकार्य के बिना ये सब कर पाना संभव नहीं था।

मैं अपने गुरुजनों को नमन करना चाहूंगा जिनकी वजह से मैं यह किताब लिख

पाया खासतौर से हिंदी शिक्षकों को जिन्होंने हमेशा मुझे प्रोत्साहन दिया। आशा करता हूँ की उन्हें भी ये किताब बहुत पसंद आएगी।

और अंत में आप सभी को भी धन्यवाद जो इसे पढ़ेंगे तथा अपने परिवार एवं प्रियजनों में मेरी किताब का विवरण व इसे पढ़ने का आग्रह करेंगे। आशा करता हूँ की आपको भी ये कविताएं खूब भाए।

१.. थोड़ी देर

थोड़ी देर ठहरकर मैं क्या करूंगा
अपनी ही नज़रों में फिर से गिर जाऊंगा।
पहले ही कम हो गई है बेइज्जती
जो यहां कुछ पल और रूकूंगा।

लोगों को अब और नहीं चूप कर पाऊंगा
उनकी जूते चप्पल तक मैं सहलूंगा।
शरम शायद खत्म हो गई है मेरी
जो तुम्हे कोई गैर मान लूंगा।

तेरे लिए वो घर नहीं होगा
किसी ऐसी जगह तुझे रखूंगा।
महलों का ख्वाब देखा हो जिसने
उसे अपने हाथों से दफनाऊंगा।

तेरा कोई हक्क नहीं था हंसने का
तुझे ये फिर से याद दिलाऊंगा।
क्योंकि तेरा तो बलात्कार हुआ है ना
स्नेहा
लेकिन तेरी लाश को मैं ये सब कैसे
समझाऊंगा?

२. सच या झूठ

सच कहूं,या कहूं झूठ
जितना सोचा था,उतना हूं नहीं मैं
मज़बूत।
अचानक से निकले थे मेरे आसू
तेरे जाने पर,भला कैसे में हसू।

अकेला सा हो जाता हू
जो तू ना हो मेरे पास।
तू कभी मुझसे दूर ना जाए
यही दिल की है अरदास।

तेरी खामोशियों में भी
छुपे होते है सारे जवाब।
काश ही कोई ऐसा दिन हो
जब तूने ना की हो मेरी नींदें खराब।

आदत नहीं है मुझको
ऐसे रुक रुककर रोने की।
शायद थम जाए ये किसी दिन
तेरे साथ होते ही।

जाऊ मैं जहां भी
बस एक दुआ रब से है मेरी।
रोने से पहले बस एक बार
मुस्कान याद आ जाए तेरी।

३. अकेला

मिलने को जी नहीं करता है उनसे
सोचता हूं की क्या फायदा होगा उससे।
साथ मरने का वादा किया था जिसने
उनकेही इरादे बदल गए है फिरसे।

सब कहते है कि प्यार कभी नहीं मरता
सबको साथ में लेकर ही है चलता।
ठीक ही कहते है ये सारे लोग
क्योंकि अब हर किसीसे प्यार मैं हूँ
करता।

रोका नहीं था कभी मैंने जिनको
रोक ली थी उन्होंने मेरी ज़िंदगी।
क्या मिला मुझे यू बर्बाद करके उनको
मैंने भी वही किया जो ये किया करती
थी।

दिन या रात कुछ भी नहीं देखा
तोड़ दिया वो सपना अनोखा।
फिरसे हो गया हूँ अकेला
जैसे पहली बार था तुमने देखा।

४. मैं तुम्हारा

हाथों में होने से उसका हाथ
लगता है की डरने की नहीं है कोई बात।
मेरे लिए पता नहीं क्यों
जागे वो सारी -सारी रात।

उम्मीद ना की हो जब
बात हो ही जाती थी तब।
लफ्जों को बयान करने के लिए
ज़रूरत ना होगी किसकी अब।

दिन में काम और रात में आराम

ऐसी ही रही है मेरी ज़िंदगी।
पर तुम्हे समझ पाने के लिए शायद
इतनी भी काफी है नहीं।

नई बातें समझाना तुमसे बेहतर कौन
जाने
तुमही से ये सब सीखने के रोज़ ढूंढता हूँ
बहाने।
तुम में जो बात है वो किसी और में कहा
ख़्वाबों में भी आ जाती हो मुझको यू
सताने।

बस इतना ही कहूंगा
खयाल अपना हर वक्त रखूंगा
अबतक तुम्हारी कोई बात की है अनसुनी

जो आगे मैं करूंगा !

५. ज़्यादा ना सोचा

ज़्यादा ना सोचा बस लिख दिया
काम करने के लिए कुछ मिल गया।
रोज लिखता नहीं हूँ मैं लेकिन
आज लिखने के लिए हाथ अपने आप
चल दिया।

पहले कभी लिखा न था
इसलिए शायद राय मांगता हूँ।
पता नहीं लोगोंको क्यों ऐसा लगता है
की मैं किसी और का बस छापता हूँ।

कुछ लोग कहते हैं की
अपना नाम लिखा कर।
पर कुछ कहते हैं की
क्या हासिल होगा यू रोज़ लिखकर ?

कोई सच में है खुश
तो कोई करे दिखावा।
पर मुझे इन सब से क्या
क्योंकि मैं तो लिखता ही रहूंगा रे बाबा !

६. दिन के बजे है

दिन के बजे है सात
सोचा क्या करूंगा मैं आज ?
बिस्तर से तो उठ लू पहले
फ़िर देखेंगे किसके क्या है कहने ?

दिन के बजे है आठ
अपने तो अलग ही है थाट।
चाहिए दूध भैंसीएका
क्योंकि भाईसाहब कसरत करेंगे आज!

अब करे ना कोई तंग
क्योंकि होजाएंगे ये मस्त मलंग।
अपनी दुनिया ऐसी बना लेते है
देखकर आप भी रह जाओगे दंग !

पता लगा ये लिखते हैं
अब भी पर्ची का इस्तेमाल करते है।
यही है उनकी दुनिया है शायद
जिसकी बात ये करते रहते है।

सुबह से ना जाने
कब हो जाती है शाम।
पर कुछ भी कहलों आपसब
सपने में हर कोई होता है श्याम!

७. उपयोग

किसीने सोचा है की क्या होगा
जब हम हो जाएंगे खत्म।
काटता है तू क्यों इतना
शायद वापस ही न आए हम।

तेरा चरित्र जानते है
फिर भी है इतने विवश।
प्रकृति भी हमसे कहती है
कितनी सहायता करोगे अब भी बस !!

कभी धर्म के नाम पे
तो कभी कर्म के नाम पे।
तुझे तो यही लगता है
की हम सब है ही इसी काम के !

अन्य जीवों की भी यही है व्यथा
अब होगी और भी बुरी दशा।
उपयोग करूंगा कहके इन्होंने
हम ही पे बड़ा व्यंग कसा।

भाषा हो चाहे जो भी
इतना ही कहेंगे हम।
पर्याप्त ही उपयोग करो
पेड़ कहते हो जिन्हें तुम!

८. उम्मीद

उम्मीद पर तो दुनिया कायम है
ऐसा कहीं सुना है।
लोगों की उम्मीदों को चकनाचूर करने
का
बहुत अच्छा बहाना है।

उम्मीद तो लगा लेते है
लेकिन जब टूटे
तो आगे बढ़ना है
यह भी ये भूल जाते है।

उम्मीद लगाना गलत नहीं
यह भी अक्सर सुना है।
मेहनत हमने क्या की है उतनी
इसका किसी ने सोचा है।

सब बनना चाहते है अमीर
किसी को नहीं बनना गरीब
दुनिया का सबसे बड़ा अमीर
भी था कभी गरीब...!

९. कलाकार

कहा था की बनूंगा एक संगीतकार
आवाज़ भी जिसकी निकली नहीं बाहर।
जोश जोश में कह दिया की भैया
अब हम ही होंगे अगले इंटरनेशनल
कलाकार!!

मज़ाक अच्छा कर लेते हो दिल ने कहा
दिमाग़ ने कहा और वक्त मत कर ज़ाया।
लग जा अभी काम पे क्योंकी
तू ही लाएगा एक दौर नया!

शुरू शुरू में मुझे ऐसा लगा
की ऐसीही कर पाऊंगा मैं ये सब।
लेकिन जब शुरुआत हुई तब पता चला
जितना सोचा उससे काफी मुश्किल हो
रही है अब।

ठान लिया है लेकिन मैंने
रुकूंगा नहीं इस बार।
जब तक बन नहीं जाता
जग का सबसे बड़ा कलाकार!!

१०. तू ही थी रूठी और तू ही थी गुस्सा

वक्त गुजर गया
पर तुम अब भी हो वही।
पिंजरोंमें बंद खड़ी हो
जो कभी वहाँ थे ही नहीं !

उस बात को हो गया है
एक लंबा अरसा।
पर तुम अब भी सबको
क्यों हो बताती ?

तेरे पीछे चलना
था क्या इतना बेकार?
की अब पहचानने से
भी कर दिया तूने इनकार।

बोलो क्या ज़रूरत थी
ये करने की।
चिल्ला चिल्ला के
ये सबसे कहने की
की तुम थी रूठी
और तुम ही थी गुस्सा
जैसे मेरीही सारी गलती थी
और तुम्हारा था नहीं कोई हिस्सा !!

कहता हूँ मैं भी
अब तुमसे नहीं है कोई रिश्ता।
पर मैं अब भी वहीं हूँ
जहां आखरी पल था गुज़रा।

अरसा नहीं मुझे
अब वो एक जनम लगता है।
मानो किसीने बिछाया हुआ
नुकीला पत्थर लगता है।

बेचैन होकर कर दी गलती
क्या गलतियों की अभी
माफ़ी भीं नहीं मिलती?

मेरी इतनी मिन्नतों पर भी

तुम कभी ना मानी

मगर अब कहती हो सबसे

की तुम ही थे रूठी और तुम ही थे गुस्सा

जैसे मेरी ही गलती हो

और तुम्हारा था ही नहीं कोई हिस्सा!

११. मैं

बेरंग बनी है ज़िंदगी
जैसे हो सूखे पेड़।
सोचता हूं की करूंगा खुदकुशी
जैसे बची न हो कोई खैर।

कोसता हूँ खुदको
की क्या हैं इसकी वजह।
न जाने किस बात की
दे रहा हूँ ख़ुदको सज़ा।

कभी मुस्कुराता हूँ
तो कभी हूँ हंसता।
पर जब भी मैं रोता हूं
कोई और खयाल क्यों नहीं है आता?

अपने ही बारे में सोचकर
हूं इतना बेचैन।
सोचो क्या होता अगर
किसी और के संग रहता!!

१२. व्यंग

ये हंसना भी क्या हंसना है तेरा
जैसे चारों ओर लगा हों कलियों का डेरा।
खूब तू हंसे खूब मैं रोऊं
न जाने कैसा रिश्ता है तेरा मेरा।

ख्वाब तो लोग देखते है
हमनें तो आँखें है खोली।
अब से हर आशिक़ बोलने
लगा है तेरीही बोली।

तेरा बिछाया जाल
है ही इतना जाली
तेरे हुस्न में अंधे होकर
न जाने कितनों ने की हुई है अपनी जेबें
खाली।

सबको देता हूँ यही सुझाव
की रहना तुमसे दूर
तुमसे प्यार करने में क्या
उनकी शामत हैं आयी।

१३. कलम

लिखना है हीं क्या
बस कलम चलाए रखना है।
वीर पुरुषों के भाती
हमने कौनसा उपन्यास लिखना है।

लिखने में ही हैं मज़ा
लिखने में ही है जूनून।
जो लफ्ज़ बयान भी ना कर पाए
वो कागज़ कह देते है जरूर।

कुछ कहते हैं की भावनाओ को लिखना
कुछ कहते है की है ये आदत।
शायर करे तो शायरी और कवि करे तो
कविता
पर इनको लिखने में लगती है कलम की
ही मदद।

दौर चला गया
गया वो ज़माना।
जब लिखकर हीं मिलता था
सुकून वो सुहाना..।

१४. नयापन

हैवानियत का नाम देकर
करने लगे है दगा।
हम मर्दों को समझा जाने लगा है
गुलाम जो चलने लगा।

अपने ही हिसाब से
मरोड़े हम सबको।
जैसे हम ही है वो खतरा
जो डराए इन सभ को।

अपनी ही बातों का मतलब
इन्हें ना हो पता।
उंगलियां उठाने में क्या जाता है
हम थोड़ी है मर्द जात
जिनका हर वक़्त है कटा।

मर्दों को बना रही हैं अपने सा
कुछ मर्द ख़ुदको भी समझने लगे है
औरतों सा।
अब हम जैसे गिने चुने बचे है
पर हमारी किसको पड़ी है।

एक दिन ऐसा आयेगा
हम होंगे नहीं जब।

तब असली मर्दों की होगी जरूरत
क्या पता जिंदा हो ही ना तब!

१५. तकलीफ़

तकलीफ इस बात की नहीं
की वो मुझे समझ नहीं पाए।
बल्की इस बात की है,
की मैं उन्हें समझ नहीं पाया!

१६. प्रशंसा

सबको आए पसंद
पर समझ ना पाए मोल।
कोई करे कम ,कोई करे ज़्यादा
जैसे ना हो कोई तोल।

करने पर मन सुहाए
ना करने पर रुलाए।
यह शब्द न जाने कितनों को
अपने इशारों पर नचाए।

दुविधा का विचार हो
हरदम प्रचार हो।
ख्याति हो उसकी जिसको मिले
या प्यारासा सुविचार हो।

कोई जोते खेत
कोई करे हत्या।
इसके ना मिलने पर
सब लगने लगा है मिथ्या।

नेत्रों का उपयोग होता है
बोल भी बोले जाते है।
भेदभाव को बाजू रख
हास्यविनोद भी तो होता है।

एक शब्द मात्र का ही अंतर है
दुराचारी या शिष्टाचारी में।
थोडी सी प्रशंसा करणे मे
पत्ता नहीं क्यू मती मारी रे!!

१७. उम्मीद २

तेरी हर हसी पर हंसना चाहता हूं
तेरी हर आसू पर रोना।

तेरे हर कदम पर चलना चाहता हूं
तेरे गिरने फ़िर उठना।

तेरी आंखों में पिरोना चाहता हूं
एक सलोना ना सा सपना।

जैसे हूँ मैं कोई जादूगर
जो लगे तुम्हें अपना!!

१८. ४ घंटे

कर रहा था आराम
जैसे हूं छुट्टी पर।
मस्त सुस्त हो गया
फिर लाइट जाने पर।

दोपहर की गर्मी में
नींद आ गई मेरे नैन।
४ घंटे बीत गए
खूब सुहाए मुझको चैन।

दोस्त पूछे मुझको की किस सोच में है
पड़ा
मैं खुद न जानू मुझको ये क्या हो गया?
अगले ही पल मेरा ध्यान उसपर गया
मैंने उससे पूछा तूने दिनभर में क्या
किया?

कुछ देर बाद वो पढ़ने चला गया ..
मुझे मेरे खयालों में छोड़कर।
मैं तकिए सिर रख कर सो गया
आसमान को निहार कर।

पेड़ो को निहारता
मेरा ये मन चल विचल।

४ घंटे बीत गए
बीत न जाए ये पल।

कुछ कहेंगे इसे वक्त की बर्बादी
कोई कहेगा की सही किया।
भरी धूप में वैसे भी
कभी किसने क्या किया।

आजकल वक्त बहुत हैं
बर्बादी के लिए।
तभी तो ये कविता लिख रहा हूँ
यूंही गुनगुनाने के लिए।

आशा करता हूं की
तुमको ये अच्छी लगी।
४ घंटों का तो पता
नहीं लेकिन ५ मिनट में लिख दी!

१९. अब भी

तुझे याद मैं अभ भी हूं या नहीं
मिलकर शायद कुछ कह पाऊंगा या नहीं
तुझे याद अब भी मैं हु या नहीं??

आंखों से बयान
किया छल को तूमने
मैं नासमझ ये समझा ही नही
तुझे याद अब भी मैं हूं या नहीं ??

अपने में मस्त रहने वाला मैं
दोस्तों के संग मस्ती में जिया जो,

साल जिसने बर्बाद किया वहीं
तुझे याद अब भी मैं हूं या नहीं ??

जाल बुनकर करती है बेकार
तुम्हे पसंद नहीं करती,
फ़िर भी दिखाती है यही!
किसीको तो याद ये करतीं है या नहीं?
इसे याद अभ भी मैं हु या नहीं??

सब छलावा सा लगने लगा
जैसे हकीकत में कुछ हुआ ही नहीं।
उसके बस इतना कह देने से की
"मैं तो तुम्हे जानती ही नहीं!"

सही कहते है घरवाले

खुदपर दो ध्यान
और बनाओ पैसा ,इज्जत और मकान।
वरना फिर से कोई आयेगी और कहेगी
"तुमसा इस दुनिया में मैं
ने आजतक देखा ही नहीं!!"

२०. कोशिश

जग जीतने की कोशिश में
हम चल तो दिए।
इस मौके का क्या पता
फ़िर मिले या न मिले।

चीज़ें सीखने की जद्दोजहद में
ख़ुदको झोंक तो दिए।
इस चक्रव्यूह में कही फस ना जाए
कोई रोक तो लीजिए।

दुनियां का हमे ज्ञान कहा

हम तो है नौसिखिए।
राह दिखे या ना दिखे
हम तो आगे बढ़ते रहे।

लोग बुरे होते है
ये बता दिया गया।
हर मुश्किल के लिए
तैयार किया गया।

आस पास के वातावरण के कारण
हम यू भटक गए।
ऐसी वैसी चीजों में
हम भी उलझ गए।
तभी,
कुछ लोगों ने की मदद

कुछ ने दिया सहारा।
कुछ राह दिखाकर आगे बढ़ गए
जग जीतने के कोशिश में हम फ़िर चल
दिए!
जग जीतने के
कोशिश में हम फ़िर चल दिए !!

२१. वक्त

ये वक्त की बर्बादी नहीं तो और क्या है?
अपनेआप पे ध्यान न देकर
दूसरों पर व्यंग कसा जाता है।
ये वक्त की बर्बादी नहीं तो और क्या है??

जीवन बनाने की आयु में
इन्हें सिर्फ मौज ही मौज करनी आती है।
शायद भूल गए हैं उन मां बाप को
जिनकी सास इनमेंही अटक जाती है।

कोई नई कला सीखने में

कभी अपनी बात रखने में,
सही मुद्दों को समझने में
क्यों झिझक जाती है।

सही दोस्त चुनने में
मिल जुलकर रहने में,
हर चीज़ का अपना एक सही वक्त होता
है ये समझने में
इसी में सबकी भलाई है।

यही समझने में सारी उम्र न निकल जाए
इसीलिए मुझे आप सभीको बस इतनी
सी बात समझानी है।

२२. बराबरी

बराबरी की बातें तो होती है
पर उसमें भी तुम्हारा ही फ़ायदा है।
हक़्क़ तो तुम्हीको ज़्यादा मिलता है
फ़िर भी झेलना हमे ही पड़ता है।

हर जगह हर चौराहे
पर आ जाते हो
लड़ने झगड़ने ना छोड़ते हो कोई मौका।
कमाए हुए पैसे
कमाई हुई इज्ज़त
इंसबका फर्क तुम्हे कहा ही पड़ता होगा

मगर आधा हिस्सा छीन लेनेका
कभी न छोड़ोगी कोई मौका!!

हम सब में ही शायद अक्ल नहीं
जो ये सब करने का हक़्क़ दे देते है।
पहले हर चीज़ में हा कर देते है,
फ़िर पछताते है।

इसीलिए कहता हूँ
अगर पहलेसेही मुझे ये सब पता होता।
तो शादी करने से पहले मैं दस बार
सोचता!!

२३. बच्ची

काबू करना है मुश्किल
पर लगे सबको आसान।
ये झिलमिल सी बच्ची
लगे सबको नादान।

लाड प्यार से इसको
बड़ा किया है सबने।
भूल गई है शायद की
हम ही है इसके अपने!

औरों को करे प्यार
हम पे ही करे अत्याचार।
बाहरवालों को छोड़कर
इसे सारे ही लगे बेकार।

हमनें कभी कुछ कहा है इसे
बिना किसी बात पे टोका हो इसे,
बस इतनी ही इच्छा है हम सबकी
बस बात ही करले कुछ ढंग से।

अब इसे ये सब कुछ
बेमतलब लगता होगा।
इसने कहा देखी है दुनिया
जो ना देगी इसे दूसरा मौका।

हम जैसे समझाने वाले मिले या न मिले,
हर चीज़ सिखाने वाले मिले या ना मिले,
तेरे नखरे को झेलने वाले मिले या ना
मिले,
पर हर जगह मिल जाएंगे
तुझे और तेरे काम को दर्जा देने वाले।

तब शायद तुझे हमारी याद आए
फ़िर तो हमको ढूंढने लग जाए।
क्या पता हम ज़िंदा हो या ना हो,
जो तुझे आकर दिलासा दे जाए !

२४. चुप्पी

आज सोचा था की आराम करूंगा
पर ज़्यादा सोने पर डाट भी खाऊंगा।
इतना सोचकर सोया मैं फिर भी
सोचा आज तो करलु अपने मन की।

सुबह के नौ बज ही गए थे,
तभी मुझे किसीके चिल्लाने की आवाज़
सुनाई दी।
हम तो घोड़े बेचकर सो रहे थे
मगर आवाज़ कुछ जानी पहचानी सी
लग रही थी।

ज़ोरो से मेरा नाम पुकारा जा रहा था
नाकारा,नालायक उठता क्यूं नहीं
ये कहा जा रहा था।
मैं तब तक उठ चुका था
देखा तो वो मेरे बापूजी की आवाज़ थी।

मैं गुस्से से उठा,
उनकी और बढ़ा,
जल्दी से नीचे पड़ा
थर्मोकोल का थैला पकड़ा दिया।
देने में शायद धक्का लगा हो,
तभी कुछ बड़ा होने की आहट हुई थी।

फ़िर तेज़ बवंडर सा झगड़ा हुआ,
शब्दों का इस्तेमाल हद्द से भी ज़्यादा हुआ
ऐसा करने की मुझको कोई ज़रूरत नहीं थी।
यहीं से इसकी शुरुआत हुई थी।
इस चुप्पी की आदत मुझे कभी न थी!
इस चुप्पी की आदत मुझे कभी न थी!!

२५. याद

बड़े दिनों के बाद
आज फिरसे आया है वो दिन।
जब पिछले पन्नों की और
कुछ अनसुने ,अनकहे किस्सों की
आयी है मुझे याद।

जब किसीने मुझपर धाराएं
लगवानी चाही थी।
पर तब मैं नाबालिग था।
क्या किसीका पीछा करना इतना बड़ा
गुनाह था।

गुरुजी का देहांत सुबह ही हुआ था।
पर उसके लिए,ये एक और सुनहरा
मौका था।
अपने ही दोस्त से मुझे पिटवाने का
जब मैं लड़ने की हालत में भी ना था।

तब मैने ठान ली
अब इससे फ़िर कभी ना मिलूंगा।
पर भाग्य में कुछ और ही लिखा था
शायद कुछ और भी होना बाकी रह गया
था।

फ़िर अचानक वो मुझे दिखी उस दिन,

जिस दिन में परीक्षा का टिकट लेने आया
था।
मेरी और देखकर उसने हंसकर कुछ
कहा
मैं डरा सहमा सा बाहर निकल गया था।

मैं ख़ुदको वहासे दूर ले आया था
मेरा दिल ज़ोरो से धड़क रहा था।
लेकिन अब मुझमें दोबारा से वो सब
झेलने की हिम्मत नहीं थी।
उसे गलती से पसंद करना ही मेरी सबसे
बड़ी गलती थी!!